Ticket zen

Escrituras Editora e Distribuidora de Livros Ltda.
Rua Maestro Callia, 123 – Vila Mariana – 04012-100 – São Paulo, SP
Tel.: (11) 5904-4499 / Fax: (11) 5904-4495
escrituras@escrituras.com.br
www.escrituras.com.br

Editor
Raimundo Gadelha

Coordenação editorial
Mariana Cardoso

Assistente editorial
Ravi Macario

Revisão
Jonas Pinheiro
Alexandre Teotonio

Capa, projeto gráfico e editoração eletrônica
Vaner Alaimo

Foto da capa
Maria Guimarães Sampaio

Impressão
Graphium

Dados Internacionais de Catalogação na Publicação (CIP)
(Câmara Brasileira do Livro, SP, Brasil)

Borges, Kátia
Ticket zen / Kátia Borges. – São Paulo:
Escrituras Editora, 2010.

ISBN 978-85-7531-358-9

1. Poesia brasileira I. Título.

10-00815 CDD-869.91

Índices para catálogo sistemático:
1. Poesia: Literatura brasileira 869.91

Este livro foi selecionado pelo Edital 23/2008 (Apoio à Edição de Livros de Autores Baianos), da Secretaria de Cultura do Estado da Bahia, e conta com a participação do fundo de cultura.

FUNDAÇÃO PEDRO CALMON
FOMENTO À CULTURA
Fundo de Cultura
GOVERNO DA Bahia
TERRA DE TODOS NÓS
Secretaria da Fazenda
Secretaria de Cultura

Impresso no Brasil
Printed in Brazil

Obra em conformidade com o Acordo Ortográfico da Língua Portuguesa

KÁTIA BORGES

Ticket zen

escrituras
São Paulo, 2010

Para Lindival e Julinda, meus pais.

Sumário

"Mantendo a quietude, aderindo à clareza".

I Ching, hexagrama 56, O viajante

Leia ao som de *Time is on my side*, dos Stones.

Urgentemente

A cem quilômetros por hora,
solto a direção do automóvel.
Alberto da Cunha Melo

Dentro da noite veloz, deslizo loucamente.
É sexta-feira na Terra, quem dera gritar...
Meu corpo avança contra os faróis.
Alguém nasce, alguém morre, fecho os olhos.
Ah, estou cansada, quero viver esse sonho,
com essa insônia na bolsa, com esse sono,
com esse sopro de ar no coração...

"Que vento é esse? Move as montanhas,
põe coisas fora de lugar".

Caminho dentro da noite veloz
sem pesar.

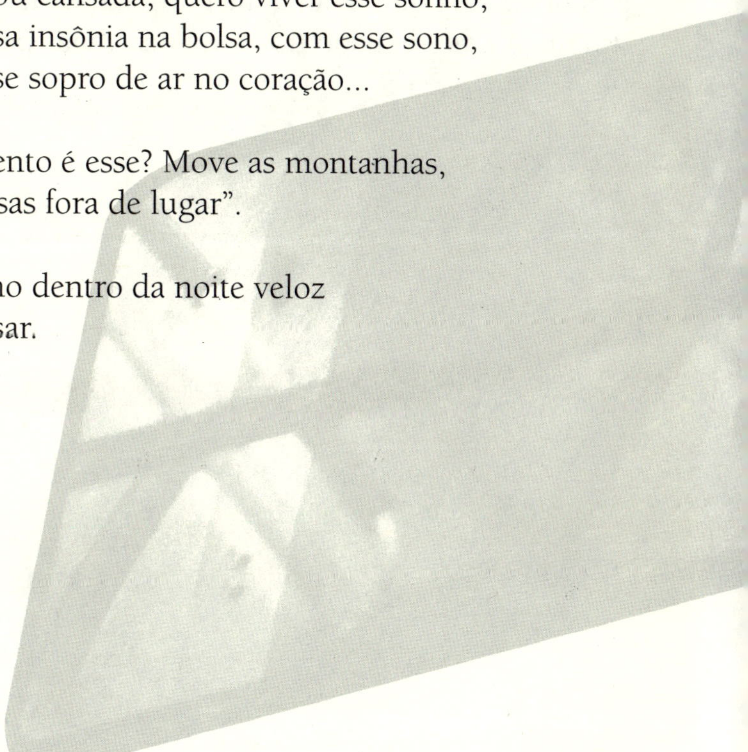

Algum romantismo

Mas é assim, eu sei, amor e medo.
Ângela Melim

Como dois irmãos unidos pelo fígado
a espreitar nas praças algum romantismo
fora das novelas. E ele diz: "Aperta muito forte
a minha mão, enquanto o filme francês queima
no cinzeiro. Vê como a Lua acende nos letreiros
a infância da noite. E amanhã entra em cartaz
um novo amor exilado dos romances, mas perfeito".

Mulher

No teu cabelo negro brilham estrelas.
Elizabeth Bishop

Há uma mulher chamada Nome,
cujo rosto eu desconheço.
Sempre que chego dizem: "Oh, ela
saiu daqui agora mesmo".

Ah, essa jovem senhora
sabe a aurora, tece com finos dedos
fios de ouro envelhecido, em seus cabelos,
manto amarelo. E o Universo inteiro cede
a um encantamento que ninguém consegue
[nominar.

Há uma mulher chamada Espelho.

Viajante

Só cabe no poema o homem sem estômago.
Ferreira Gullar

Tenho poucos mortos na sacola. Um anjo de vidro
e outro anjo, com a asa partida, de mármore branco,
e, mais, duas estátuas de gesso e, ainda, um boneco
colorido de plástico, que aponta uma arma e
não tem o braço esquerdo. Tenho poucos mortos.

Na sacola, o livro de Bandeira, sem a capa,
a antologia de Vinícius, Os Crimes da Rua Morgue,
e cadernos repletos de textos incompletos.

Na sacola, o encontro com Guilherme,
e um dia inteiro de conversas sobre poesia e prosa.

Na sacola, viagens para a Ilha na Semana Santa,
e um bilhete infantil, declaração de amizade
(ah, meus amigos mortos).

Na sacola, a prima, que, inocente, lia um livro,
sem saber que seria o último.

Criança

Penso linhos e unguentos
para o coração machucado de Tempo.
Hilda Hilst

Não venha até mim, criança,
pois meu peito é um campo
de miosótis pisados,
pois meu peito é um vaso
de gérberas, presenteadas
por engano ao cego do realejo,
pois meu peito é um canteiro
de papoulas amarelas
que migraram no inverno,
pois meu peito é o lago solitário
em que desabrocha a lótus,
pois meu peito é um vasto deserto
minado, repleto de armadilhas
e de violetas do brejo,
pois meu peito é o solo do mar,
castigado pelo salitre,
no qual só vicejam ervas marinhas
(e há pedras com flores dentro).

Chiquita Bacana

Existencialista com toda razão
só faz o que manda o seu coração.
Braguinha

Quero um filho. Do batuque.
Um filho do balacobaco, do truque,
um pequeno Macunaíma, do rock,
pra sacudir a tranquilidade da tribo.
Quero um filho. Do meu sangue.
Um filho do meu passado de baque,
um beque, que venha pronto pro ataque,
um bacuri com cocar, um dos Stones.
Pra me despertar com seus gritos de guerra,
e fincar os dois pés na minha taba, a paz, na minha Tebas.
Sim, quero um filho. Ser a Chiquita Bacana.
Pôr um pequeno rei neste mundo de merda.
Um doce Sidarta cercado de mimos, um César.
Um filho. Que venha de dentro,
não necessariamente muito lindo, mas esperto,
conhecedor do horror do planeta, e do belo.
Um filho. Que venha da alma,
do coração, e de cada pequeno grão
de poeira do Universo. Sim, eu quero.

Cinamomos

E os arcanjos dirão no azul ao vê-la.
Alphonsus de Guimaraens

Não sei que cinamomos tolos
chorarão por mim.
Sim, de olhos bem abertos,
nesta varanda.
Enquanto o Sol vai-se pondo
no ritmo do soul, eu vou, voo,
orando, tolamente só, nesta varanda.

Nem os cinamomos tolos chorarão por mim.

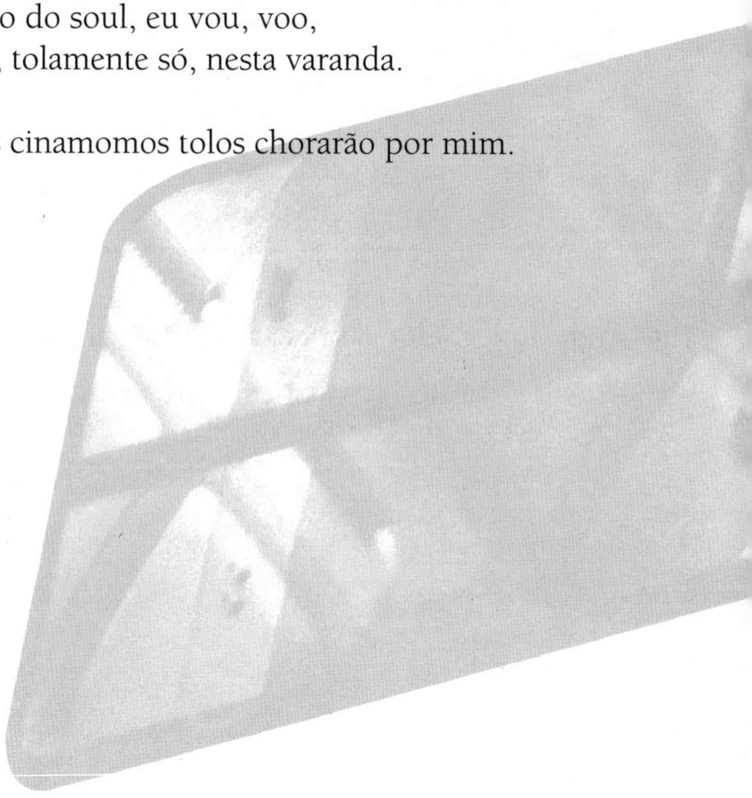

Camomila

Encubro a luz que me habita,
não por ser feia ou bonita, mas
por ter assim nascido.
Lídia Jorge

Convalesço lentamente.
Minha testa queima, ardo em febre.
Queria estar descalça e sair no sereno,
desafiar a morte.
O pátio foi tocado pelo outono,
e já não sei se haverá amanhã.
Enquanto brinco com anjos,
meu amante faz um chá.
Do leito, contemplo suas costas largas,
sua nuca, suas espáduas, suas nádegas.

Andei longe – longas distâncias – até achar o amor.

Saudade

Ela vem quando cerro as pálpebras pesadas.
Ana Hatherly

A saudade é sempre tão quieta...
Ela fica sentada num canto.
Em silêncio, como se nem existisse.
De repente, ponho os olhos nela e me assusto:
[a saudade ri.

Moramos juntas há anos, há tantos anos, quase
[esqueci.
De vez em quando, a saudade suspira, grita, cai em
[prantos.
Então, eu a noto e a saúdo: "Bom dia, saudade!"
Sentada, quieta, discreta, num canto de mim.

Para não ficar sozinha nessa festa

Como a valsa, a vida o melhor promete.
Ruy Espinheira Filho

Vem. Eu a convido para a dança.
É, sim, para não ficar sozinha nessa festa.
Vem. Dois e um e um e dois, bailando...
É, sim, para não ficar sentada aí num canto,
a espreitar felicidade. Isso amarga
e deixa travos invisíveis na garganta,
que pouco a pouco vão crescendo, se agigantam
e logo, logo estarão nos devorando. Danço
até cansar, até doer os pés, até que sangre
cada dedo, planta e nervo. E me desmonte
e desmantele o esqueleto. É, sim,
para não ficar sozinha nessa festa.

Vem. Eu a convido para a dança.
Vem. Dois e um e um e dois, no ritmo...
Até que nossos rostos já não estejam rindo
e a dor maior nos paralise os tornozelos.

Iroco

O ciclo ainda está aberto, e nele eu danço
com a alma inteira e o corpo descoberto,
esparramado na poeira do borralho. Inteira, danço.

Um dia, estaremos todos à mesa,
como numa reunião de família ou num retrato,
e entranharemos nossos rostos nessa estranheza
de pertencimento.

Os que vieram primeiro já observam nossos passos,
e entre vivos e mortos há um só rastro
por onde seguem todos,
queiram ou não queiram.

Nada peço ao Tempo, deixo que os ponteiros
[corram,
enquanto ergo um templo, carregando pedras,
plantando flores, cimentando tijolos,
reinventando em mim, em meu próprio corpo,
a cerca branca de uma existência.

Alegoria

Toco as costas da moça nua,
deitada a meu lado na penumbra,
e sinto a sua pele mansa,
como ovelhas na montanha
da nuca que se insinua.

Sob o lençol macio, um mundo pulsa,
e minha mão desliza, inteira
sobre ela, moça nua, elo perdido
entre o que sou e o que flutua.

Sem dizer nada, sinto que peço
que me devolva a paz da infância,
e que me mostre o mundo, a substância
do que é vida dentro de mim.

Sem dizer nada, sinto que impeço
que ela se abra e me devore
e coma o fruto que ofereço,
em sumo, carne, língua, dedos,
fluido etéreo do amor que teço,
terço que rezo, prenhe de sim,
nu de razões ou de adereços.

Alvorada

A tarde ardia com cem sóis.
Maiakovski

Ela me disse "eu também já tive aves no peito"
e mergulhou entre minhas pernas.
O dia amanhecia, então, estávamos num deserto,
eu apertei o seu coração entre meus dedos
e segurei com força cada movimento em minhas mãos.

O Sol pintaria, mais tarde, todas as manhãs do Universo,
e restariam aquelas palavras, asas, e um gozo lento,
ritmado como as horas, a marcarem seu orgasmo na
[memória,
arrancando cada pena, pele, pelo.

Como chuva forte

Quisera desabar sobre ti.
Olga Savary

Nada guardei de meu, nesta viagem,
companheira, nada
que possa recordar de bom
e de feliz tudo o que vivemos.
O que me vem de nós é turbilhão
de horas mansas, de afundarmos juntos, de
[corrermos
sem segurança em meio aos trovões.

O temporal do amor, a chuva forte,
deixou minha alma encharcada.
Ao pensar no que passou, pesam-me as pernas.

Hoje, dispenso todos os remédios
e lanço ao inferno os chás e os unguentos.
Rezo ao delírio, busco a febre insana, me entrego.

Um dia bom para morrer

Volto pálido para casa...
Drummond

Um dia bom para morrer
é sempre hoje. A alvorada
nos engana. Hoje é o dia.

Ir ao bar com alguns amigos,
sorrir de qualquer coisa,
mostrar, solene, nova poesia.

Nada nos leva até a aurora
pela mão. Vamos seguindo,
sós, como vimos. Sóis nos dirão.

Amizade

Olho para meu amigo e sorrio,
pois ele parece uma flor translúcida,
pois ele parece uma gérbera,
pois ele sorri e sei que isso é amor.

Olho para meu amigo, e a dor desata
a encher um rio sem fundo no fundo:
é o leito em que deitaremos nosso passado sem futuro.

O leito seco onde plantaremos novas sementes
sem saber se brotarão, se durarão mais que segundos.

Álbum

Meu amor era uma criança linda.
Dessas que parecem anjos antes de perecer.
Quando a vejo calma, em fotos antigas,
penso logo nas fantasias que os pequenos usam
no terno dos astros. Tão compenetrados e em fila,
ensaiados para o canto, quase voam
de agonia (o fogo da infância).

Ah, meu amor era também essa criança
que crescia para me buscar de todo jeito,
enquanto eu apenas pressentia.

Alfabeto

A lembrança de tudo o que me deste
passa como o navio que perdeste.
Florbela Espanca

Foi debaixo da máquina de costura
de minha mãe que aprendi a ler,
juntando uma letra na outra
numa revista em quadrinhos.
Quando o som da sílaba era enigma,
minha mãe freava o cerzir, em sua Singer antiga,
e vinha pra perto de mim, ensinar como s pode soar
[como z.

Depois, saindo de carro, com meu pai,
pela cidade, eu ia olhando os cartazes
e lendo os anúncios gigantes e as placas
nas portas dos bares. E ele, admirado,
perguntava pra minha mãe:
– Como foi que ela aprendeu tão rápido?

Quando comecei a ler de verdade,
foi como se engatassem um trem veloz nos meus trilhos,
e ele corresse com vontade, descortinando paisagens,
levando-me ao meu destino.

Oração

Lá do outro lado do mundo,
canção sem nenhum sentido
pobre louca está cantando.
Henriqueta Lisboa

Quem rezará por mim nesta colônia penal,
quando a minha mãe for libertada e suas
velas de sete dias secarem
inteiras, cera e pavio?

Quem, dentro desta esfera, rolará de dor
por minhas dores quando ela se for,
para um caminho, enfim, de mim,
apartado, único?

Sim. Quem me dará de comer na boca, e
de beber na boca, quando Jesus decidir
que ela deve subir para servi-lo, assim,
também, com tamanho rigor?

Santa Bernadete

Inacreditável seria se
em Marte nunca encontrassem
vestígios de água (e só existisse
a humanidade no Universo).

Inaceitável, sim, seria
que não existisse em Titã
um lago (ou duvidar
do corpo incorrupto de Santa Bernadete),
pois absurdo não é crer, mas ser incrédulo
e se achar imune a qualquer mistério,
quando até a Lua abriga muitos mares.

Impossível seria não apostar que, um dia,
qualquer homem poderá banhar-se
no Mar das Chuvas, no Oceano das Tormentas,
no Mar das Serpentes (no Mar da Serenidade).

Sidarta

Não veria o inverno, aquele ano,
com os termômetros loucos,
marcando 17 graus na cidade quente.
Nem as ondas, no Flamengo,
espargindo sobre as rochas seu salitre.
Em março, sumiria na floresta de Bara,
como Ram, o novo Buda,
encarnação do lendário príncipe.
E, após a morte, em sono, em sonho,
reapareceria. Outra vez. Tão docemente,
como se, em suas entranhas, as raízes
de peepal iluminassem, em fogo santo,
as vestes. Só o verão guardaria nos olhos,
levando aos horizontes de Lumbini.

Mitologia

Quando Dinha morreu,
alguém gritou de lá
"antes ela do que eu"
e fez piada do tacho vazio
no Largo de Santana.

A vida estava quieta, branca,
feito sexta-feira na Bahia,
e lembrei meu pai
perguntando ao médico
se, após a quimio, podia voltar a comer acarajé.

De bermudas e boné, o pai
ainda samba sozinho entre a sala e a cozinha
e, na bebida, chora meu avô:
"Naquela mesa tá faltando ele".

Alguma coisa mexia (uma tristeza?),
às seis da tarde da Ave Maria.
E vivíamos os dois naquele estreito.

O pequeno Hitler

Todo mundo traz em si
o menino de Braunau
em um bunker imaginário.
E cada sonho que temos,
seja entrar para a Academia de Artes
ou possuir a espada de Longino,
é o marido de Eva Braun,
o arquiteto do caos,
que queima em nosso peito.

Pois ele também sonhou,
na abadia de Lambach,
servir a Deus e ser bom.
E cada sonho que temos,
seja planejar uma cidade
ou comandar um exército,
é o dono do cão Blondi,
o filho de Klara e Alois,
que ruge dentro de nós.

Pois ele também sonhou
certa tarde, no Museu de Hofburg,
ter a lâmina da vida nas mãos.
E cada sonho que temos,
seja eternizar-se na memória
ou liderar uma nação,
é o plagiador de Blavatsky,
o falsificador de Nietzsche,
o criador de Treblinka
e de Auschwitz-Birkenau, que grita.

Batismo

E por falar em saudade, Joana,
me mande notícias da filha
que você me deu pra batismo
numa carta vinda de São Paulo.

Me fale da vida, me diga
como sobreviver aos pedaços
e encaixar as rodas nos trilhos,
pois eu, por aqui, descarrilo.

Me diga, Joana, me diga
se levou de mim algo bom,
do ensino das constelações
e de outras experimentações.

Escreva sobre as coisas boas,
me mande notícias da filha
que você me deu pra batismo
e que eu nunca abençoei.

Foi pela distância? Me diga.
Ou por algo que eu não falei?

Guia

E vivo tranquilamente
todas as horas do fim.
Torquato Neto

Para chegar a mim,
siga nesse beco sem saída
toda vida e, antes do fim,
dobre à esquerda.
Verá apenas uma casa,
no descampado, sem jardim,
com ar de abandono e luzes
permanentemente acesas.
Cuidado: um cão feroz vaga
por ali. Senhor absoluto
do castelo, zela por
fantasmas. E formas estranhas,
numa arquitetura de Gaudí,
desenham a vizinhança:
crianças sem cabeça,
homens amarelos e mulheres
cáqui acenam das janelas.
E a bela Vicens e a rua Morgue
ficam perto. É só seguir toda vida nesse beco
sem saída até chegar a mim.

Recreio

Os melhores da turma formaram a fila,
enquanto os tolos ainda comiam o lanche.
Sabidos, sabiam que os lobos viriam
e destroçariam tudo, todos,
começando pelas aves.

Os livres não deram ouvidos, a devorar
a estiagem. "Nunca se vira um dia assim,
de sol, de céu sem nuvens". A súcia
cuspia, paralisada, sob máscaras.

Os melhores da turma, na fila, subiam
em direção às grandes galerias,
deixando para trás migalhas,

recolhidas pelos tolos,
esnobadas pelos livres,
disputadas pelos canalhas.

A ver estrelas

A noite inteira olhei estrelas,
como se esperasse por Bilac,
ou, quem sabe, o condoreiro
vate. Nenhum ET na bicicleta,
na bruma espessa, passou na Lua,
e nem São Jorge, santo guerreiro,
inquietou-se. A insônia é minha,
a rua dorme, desprotegida, sob satélites.

Paqueta

E escondo minha face inquisidora.
Emily Dickinson

Um dia, quando formos
mais dos álbuns que de nós,
juro, te conto do que eu ria
naquela foto em Paquetá.

Você nem me conhecia
em detalhes como hoje,
ainda não, mas eu sabia,
eu sentia, ia durar.

Uma cigana me disse,
meses antes: "Vai durar".
O hexagrama do *I Ching*, 17,
seguirá. E em sonhos pressentia,

coisa que nem Freud explica,
aquele dia em Paquetá.

Folia

Quem acende o fogo novo?
Caetano Veloso

Meu coração sente que algo vai mudar,
quando desarmarem os palanques (é isso!),
quando desmontarem as arquibancadas do Campo
[Grande,
meu coração me diz que algo vai mudar. Algo, sim,
de muito forte, profundo e importante.

Quando desligarem as lâmpadas coloridas
e retirarem os enfeites dos postes, há quem diga
[(meu coração!)
que a verdadeira alegria nascerá – silenciosa e
[contemplativa –
a ocupar o espaço dos camarotes na avenida
e a comandar, com seu ritmo, uma certa batucada de
[amigos,
um afoxé antigo, um frevo vindo de Olinda.

Meu coração, esse bandido, sempre chega atrasado
[para a folia.

Dialeto

A bênção, João de Deus, nosso povo te abraça.
Péricles de Barros

Minha mãe quebrou espelhos,
quando a vida já não servia,
e feriu com aço os filhos pequenos.
Era feriado nacional aquele dia,
quando o Papa veio, e a Freira vivia
com doentes e famintos em seu encalço.

Eu era pequena, espremida na multidão,
cantando a música que vi na TV,
querendo bênçãos de João de Deus.
E ele, ali, sua Santidade, a poucos metros,
mas tudo em mim era distância...

A vida, beco sem saída, seguiu seu rumo,
com animais e plantas, domesticamente falando,
e eu sabia por eles o que acontecia no mundo.

Zoo

O poema me tocou com suas patas.
Myriam Fraga

E se perderam no parque,
como se fosse possível
encontrar na jaula dos leões
a criança que sumira
na penúltima visita. Nada

denunciaria os olhos tristes
por trás das lentes escuras
e, no sorriso da boca, o giz
da secura. Nada denunciaria

que se perderam no parque,
como se fosse possível
simplesmente encontrar-se.

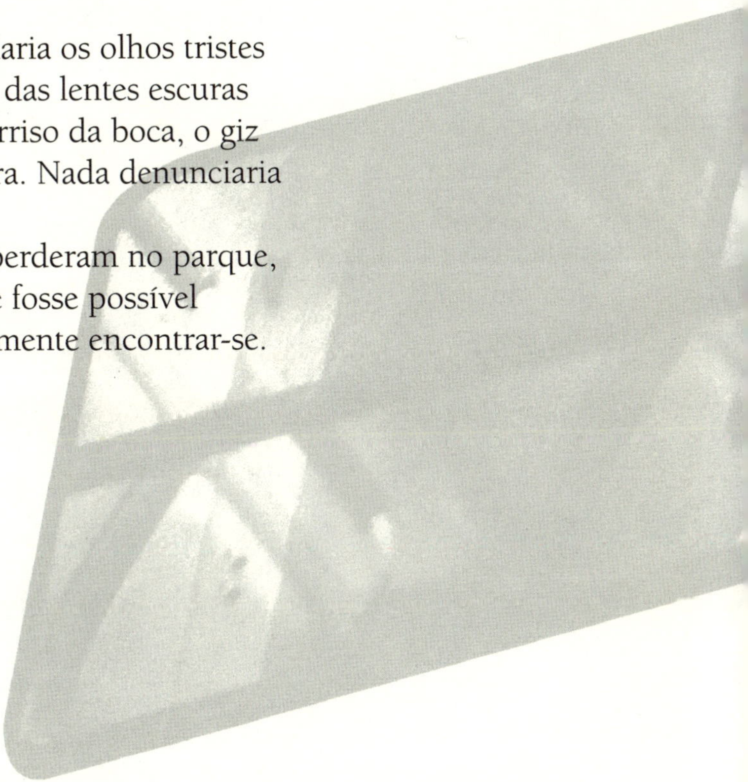

Cecília

Sou o doido que canta para si,
cônscio de não saber nem do que inventa.
Renata Pallottini

Se fosse azul este dia,
como um quadro eu
o penduraria no nariz,
para enfeitar meu rosto
e parecer feliz.

Mas eis que parto
para a vida com este anis
exageradamente febril nos traços.

E nada mais me diz
o lábio amargo.

Ticket zen

Essencialmente equilíbrio:
nem máximo nem mínimo.
Orides Fontela

Esquecer o passado é a melhor forma
de equilibrar os pratos e caminhar
nesse arame fino, fio de cobre, sobre o mar.

Esquecer o passado é esquecer-se de olhar
para baixo. É a melhor receita de bolo,
para não solar, é a melhor receita

mesmo se não dá para ancorar
o seu navio no espaço.

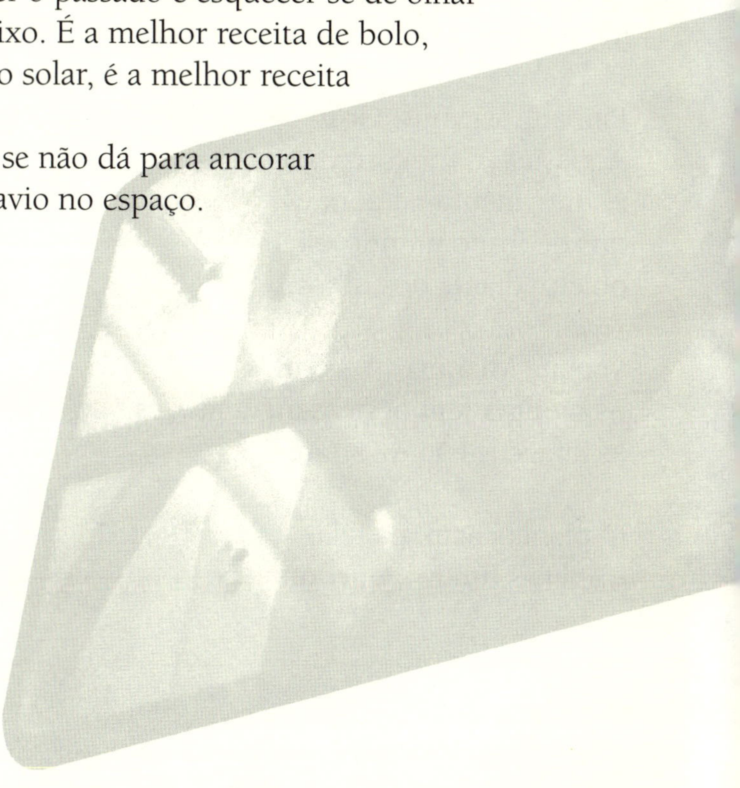

Terra

Hoje estou bêbado de universo.
Giuseppe Ungaretti

Joinville é só silêncio
e telhados achatados no Google Earth.
Percorro as ruas sem tocar o solo,
alterno entre o céu e a terra,
e vejo as estrelas e a Lua
do mesmo ângulo em que Mariana
as vê agora. O céu de Joinville.

Piscis. Austrinus. Grus.
Aquarius. Capricórnio.
O movimento na ponta
dos dedos, o mundo inteiro
objeto, diante dos olhos.

Voo até Mianmar, Yagoon,
os monges têm pés ensanguentados,
as imagens não mostram.

O planeta azul, na tela,
é apenas um brinquedo morto.

Timidez

E os mundos vão navegando.
Cecília Meireles

Mantinha os olhos baixos, no desassossego
de ver aquela boca sem beijo
e comentar sobre a chuva
que insistia em cair no estio
e o caos no trânsito: “É sempre lento”.

Da noite longa, estendido corpo
no chão da sala, tocar a mão
de leve, a palma, roçar os dedos.
Não diria nada (sabe-se lá o certo!).

E, se perguntassem, responderia
que o acaso rege o destino,
e que é a gravidade, e não o amor,
que move os astros no Universo.

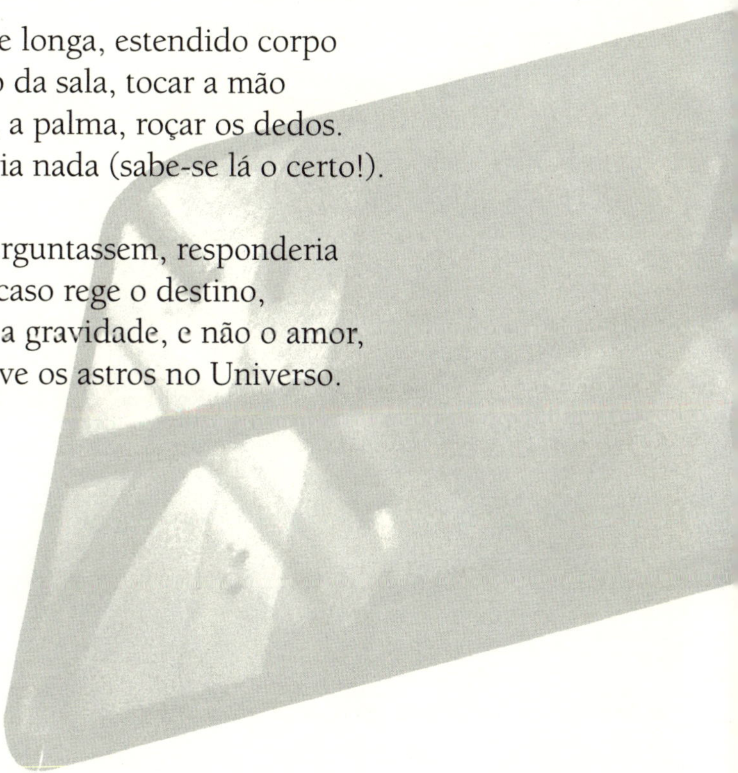

Chuva sobre o jardim

Jardins extremos dessa ausência.
Ana C. César

Uns versos tristes, minha vida,
para alegrar seus olhos.
Uns versos de alma parada
neste outono que não termina,
nesta chuva sobre o jardim,
neste abandono das folhas
em branco e, em dias assim,
fugir, dragões coloridos nos braços,
sem ter aonde ir, sem conta
no banco, sem esta necessidade
inescapável, existir.

Xis

Os fotógrafos têm a mesma função dos poetas.
Mário Quintana

Um retrato em P&B, como era antes,
guardávamos no plástico da carteira,
3×4 de antigos amantes, meio amarelados,
com a expressão esquisita
de quem foi pego de surpresa,
ou observa distante o passado a se dissolver.

A técnica seguia sem urgência,
revelações em dois dias, nos quais
até o maior amor da vida
podia desaparecer. Mas não a fotografia.

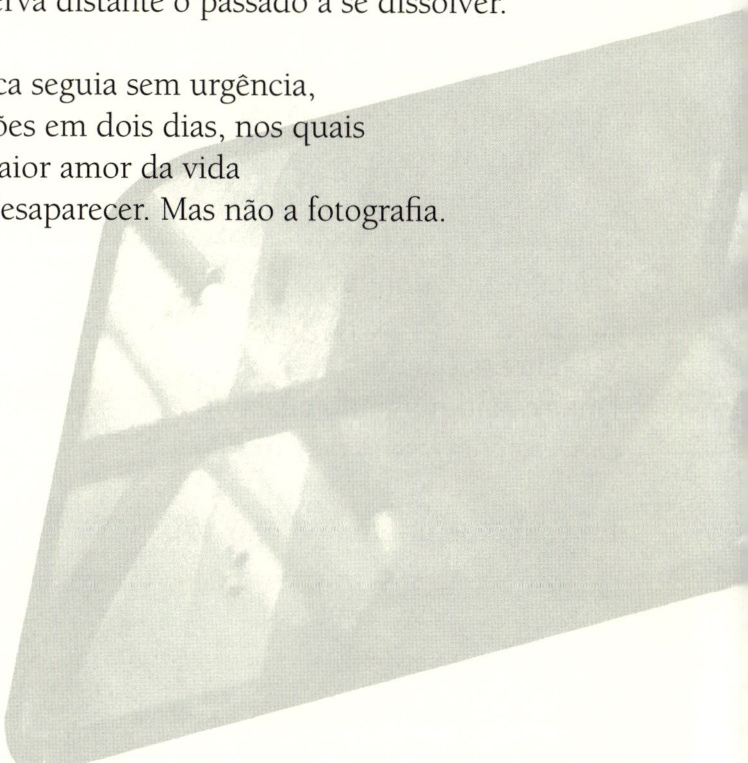

A cidade

Plante uma cidade toda.
Ponha gente em seu contorno
e a vida a rodar.
Vinicius de Moraes

Eu venho de um tempo sem telefone móvel –
o Bahia ainda era time.
Um tempo de vitrolas com agulha de diamante
e cachaça Saborosa.
Perto de casa, íamos olhar
a fábrica da Crush – a máquina
pondo tampinhas em garrafas de refrigerante.
No rádio, Marcelo Nova
e as novidades de Londres,
o messias do rock
das noites de domingo.

Viagem era Itacimirim sem luz,
lanternas iluminando guaiamus,
canecas com vinho de garrafão.

Eu venho de um tempo imóvel.

Uma infinidade de coisas

Eu poderia amar esse menino insolente
que comenta sobre mim, sorrindo,
mas cujos olhos fisgo sempre.

Esse menino ainda tem muito a aprender
sobre lirismo e laticínios,
muito a dar, muito a comer...

Eu poderia arrasar esse menino
e colocar-lhe uma aliança de ouro no anular
e me deitar com ele e ter um filho
e fugir, noite alta, com sua irmã.

Mas deixo que se vá, que passe, suma,
dobrando esquinas, recriando ruas,
com a alma posta em desalinho,
nossos destinos em pedras de runa.

Nem paciência para ensinar-lhe tenho,
que o respeito é muito mais que o amor.
O que ele amarga, quando tenta me tirar a calma,
é esse franzir de cenho que lhe dou.

Banho de pipocas

Coração, cava o chão, busca meu pai.
Luís Antonio Cajazeira Ramos

Samba de terreiro, banho de pipocas
para abrir caminho e outros trabalhos
maneiros para afastar as sombras.

Benzedura que tudo cura,
até quando caem as folhas.
Rezadeiras ao redor da cama,
invisíveis, mudas, poderosas.

– Vem, filho, Iroco te chama.

E ele levantou de repente, quase morto,
– forte como um touro –
e seguiu para morrer.

No tumulto do mundo

Ai, Senhor, quero ser simples. E tão banal
que até os passarinhos reconheçam
e, sem estranhamento, pousem perto.

Quero ser a que Deus quase esquece,
alma quieta sob o Seu comando,
apenas uma ovelha no rebanho que o segue.

Ai, Senhor, quero ser doce. E tão sutil
que nenhum som se mova em minha voz,
e que ela caia no ar com a leveza de uma folha.

Quero ser aquela de quem Deus não espera
nada de grandioso, o filho mais fraco
e amoroso, a quem Ele lança o olhar mais terno.

Ai, Senhor, quero ser simples e doce. E tão banal e tão
[sutil
que a violência jamais enxergue o meu rosto no tumulto
[do mundo.

Lição

Contigo aprendi,
como no refrão de um bolero,
que todo amor é isso,
aquilo e aquilo outro
e, mais, as pérolas
que mastigam os porcos.

O barco

Eis aqui, no comando da embarcação,
o capitão que nós queríamos.
É insano e nos conduzirá ao abismo deste mar.

Há um porto, em algum lugar, a nossa espera.
Mas o capitão desvia e nos leva, pois é urgente [afundar.
Vamos, depressa, mais depressa.
É urgente afundar!

Os horizontes passando sem cessar,
paisagens se amontoam, antes da escuridão.
Velas içadas, avançamos furacão adentro.
Bravo, bravo, nobre capitão.
É urgente afundar!

Nossa tripulação dispensa salva-vidas
e, heroicamente, crucifica-se em seu altar.

Um dia, acharão nosso orgulho valioso,
brilhante pedregulho pedregoso
na escuridão do mar.

Música distante

Incertezas atiram flores sobre os túmulos.
E nunca mais direi que nunca, nunca mais.
Esta lápide, esta cidade e tudo
está deserto, como estou nesta cidade.

Irei para onde foram os que me deixaram
só, não me resignarei. Como aprendi
lições de não existir dentro duma garrafa,
sinais de que já fui em ondas curtas,

a canção das flores, abandonada,
e o som da sua voz que vem voando e, em fúria,
me invade, atropelando a harmonia,
atravessando as notas, desarmando a música.

Mãe

"Cabeça erguida sempre", a mãe dizia,
e nada no mundo conseguiria alterar
as leis da gravidade dessa ordem.

Olhando para o céu, via estrelas
e outros infinitos astros. E aviões
cruzando o espaço, mísseis
disparados de aeroportos.

E andava assim, papo para o alto, cabeça erguida,
como queria a mãe, atravessando as ruas,
sem se importar com carros.
O pensamento no espaço, como os sonhos.

Cabeça erguida, a mãe sempre dizia,
e nada no mundo conseguiria alterar
as leis da gravidade dessa ordem.

Deserto

Eu te asseguro que nunca estive só,
mesmo quando o mundo
inteiro pousou seu peso
sobre o meu ombro. E muito
menos quando o vento
arremessou a vida, como uma
carícia violenta, em meu rosto.

Notícias

Nunca disse a você que este meu sonho
é pesadelo descontinuado, partido em dias
e noites que se amontoam, como num depósito,
guardado para um dia, quem sabe, um dia.

Nem contei sobre este pânico das alturas
de algum lugar que se move continuamente,
criando e desfazendo pontes,
sem nunca dar em parte alguma.

E não falei sobre a saudade que sinto
de pessoas e de coisas que jamais vi
e que me perseguem, como fantasmas,
como espectros do que eu não vivi.

São meus segredos, e se te digo, agora,
ponha-se a caminho, é hora de partir.

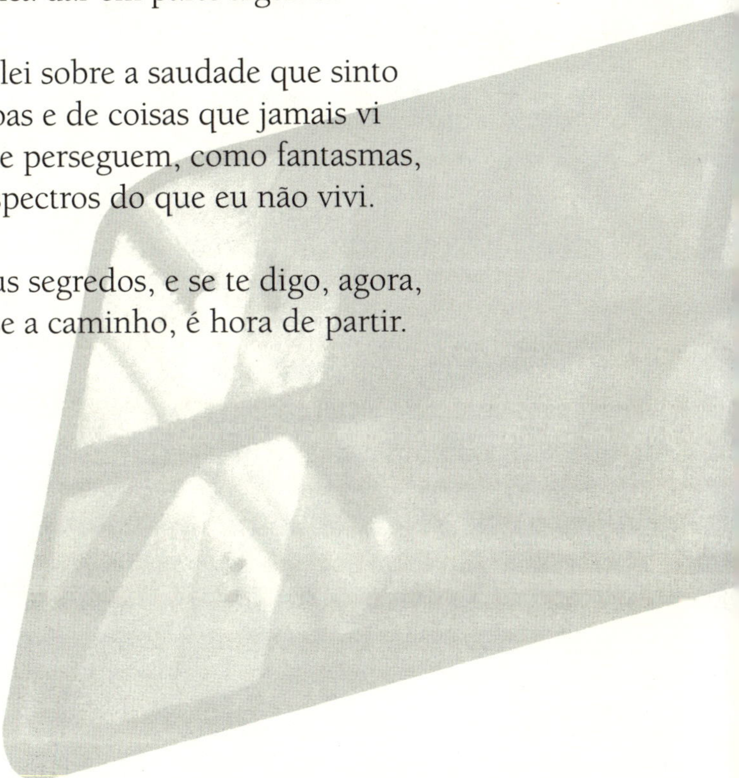

Naquele dia em que você se perdeu da sua mãe

Sinto que estive com você no cemitério,
naquele dia em que você se perdeu da sua mãe,
e a dor era tanta que ela esqueceu você,
ainda criança, perdida entre os túmulos.

Foi naquele dia em que você se perdeu da sua mãe
que nos achamos, em nossa mais íntima infância,
e adolescemos, anos a fio, sem saber
que já nos tínhamos em nossos corações.

É por isso que eu sinto
que estive com você no cemitério,
naquele dia em que você se perdeu da sua mãe.
Pois quando nos reencontramos, na idade adulta,
pouco havia de indecifrável em nosso reencontro.

Foi exatamente como naquele dia
em que você se perdeu da sua mãe.
Eu ofereci a minha mão e nós seguimos juntos.

Alan Smithee

Tudo soa falso neste filme,
o enredo é fraco e os atores, canastrões.
Resta o auxílio negro desta sala,
na qual um homem corta e monta as cenas,
esticando contra a luz os negativos.

Não posso entrar, apenas existo
como um dos personagens, descritos na sinopse
e desenhados, a bico de pena, em um storyboard.

Não posso entrar, apenas vivo
nas sequências determinadas pelo script,
ou em cenas que eu mesma crio, improvisando,
na tentativa inútil de dar mais brilho ao
[longa- metragem.

Nesta sala negra só um homem
tem total domínio sobre a edição do que foi visto
entre as datas de nascimento e de morte.

Mortes

Quem cuidará, agora,
do sítio e dos vários cachorros?
Um amigo decidiu seguir ao largo da estrada,
caminhando, como quem busca um sol
que nunca irá achar. E concluiu que melhor,
e mais seguro, é não ter mesmo nada a receber ou dar.
E que bom-dia e adeus são, afinal, as tais palavras
[mágicas.

Como dizia o *I Ching*

Um dia, Deus olhou diretamente para mim
e, creio eu, não gostou muito daquilo que viu.
Logo, enviou alguém que me ensinou a nadar,
e eu atravessei, ao lado dela, a grande água
de que fala o *I Ching*.

É que o amor também é
outra forma de oração –
ele ensinou. Eu aprendi.

Lucidez

Amanhã mesmo partirei para Geel.
E lá me acolherá uma família aquecida.
Esquecerei a lucidez.
Serei feliz sem meus sapatos, sem os cadarços que me
[apertam os pés
– essa necessidade de acertar, os pedregulhos do
[caminho.

Em Geel, de manhã cedo, cumprimentarei as damas
[e os cavalheiros,
e eles, de volta, dirão: "Olá, bem-vinda!"
E assim será, a cada dia, a vida.

Morte? Que morte? Ora, não me fale disso.
É como explicar o que significa uma gaiola a um
[passarinho.
Amanhã. Amanhã mesmo, eu partirei para Geel.

Poema um

O que não conta é este soluço
dentro do peito, acorrentado
a um passado turvo.

Meu pai e minha mãe aguardando,
me guardando em seus cuidados.
Viverei a vida toda com estes olhos.

E eles também viverão em mim,
mesmo quando nada mais houver a explicar
sobre amor e ódio na terra.

Quando nenhum pecado a mais para expiar
pesar-me as pernas.

Naja

Meu amigo dança – seu corpo parece uma cobra.
Naja despida ante a flauta. E eu olho.

Me pegou desprevenida, essa beleza:
meu amigo dançando nu na sala.
E penso o quanto vale viver
sem precisar de perguntas,
respostas ou música.

Meu amigo sabe disso e sorri, quando me nota.
Como se fizéssemos amor,
ou conversássemos sem palavras ou propostas.

Quero dançar, mas nem sei como começo.

Já não desejo nada

Aqui a poesia derrapou,
derramou-se em vacilos.
Era tarde, mas bateu à porta
e morreu de amor, quando ninguém abriu.

Aqui a poesia tropeçou,
estilhaçou-se vidro, esparramando em cacos,
e feriu quem a pisou.

Aqui, nesta casa de varanda, tão sonhada,
a vida passa, enquanto finjo que nem sinto,
e já não desejo nada
que não seja o teu sorriso,
renovado viço a cada manhã.

Nem mesmo o versejar perfeito
agiganta no meu peito a vontade de estar vivo.
Ao longe, longe, em outro Universo,
vejo o pastar deserto de cabras e cabritos,
e ali, feliz, doido de prazeroso gozo, eu inexisto.

O nome do livro

Que morra comigo o mistério que está escrito nos tigres.
Jorge Luis Borges

Este aqui, que arde em meu peito,
é negro como a sombra do tigre
que circula do outro lado
da parede do calabouço.

O outro é aquele com quem durmo,
pesadelo absurdo e sem orelha,
olho profundo que espreita
o giramundo – em cuja centelha acendo o fumo.

Só quando sonho os dois se misturam,
e o mundo volta a fazer sentido de novo.

Drummond

Perdi o bonde e a
esperança, São Longuinho.
Se achar, dou três pulinhos
e não volto pálido pra casa.

Proibido fumar

Largo o cigarro e,
sem algo nas mãos,
pareço o desamparo,
no rosto sem a bruma,
encarnado. Largo
o cigarro, o cinzeiro,
o maço, o isqueiro,
arsenal de guerra
da bolsa, em que se esgueira
um derradeiro Carlton.

Não sei dançar

Não sei dançar, eu digo
como quem espera
que ela sente ao lado
e apenas fique quieta
e sinta a música. Mas
é The Smiths, ela fala
e dispara, a pista
é uma infovia deserta,
eu olho e molho os lábios
numa bebida gosmenta.

É assim toda festa, a minha
festa é o álcool. Um dia, ela
dirá a um amigo, muito séria
ou rindo, veja só, e não é que
conheci, noite dessas, a poeta.

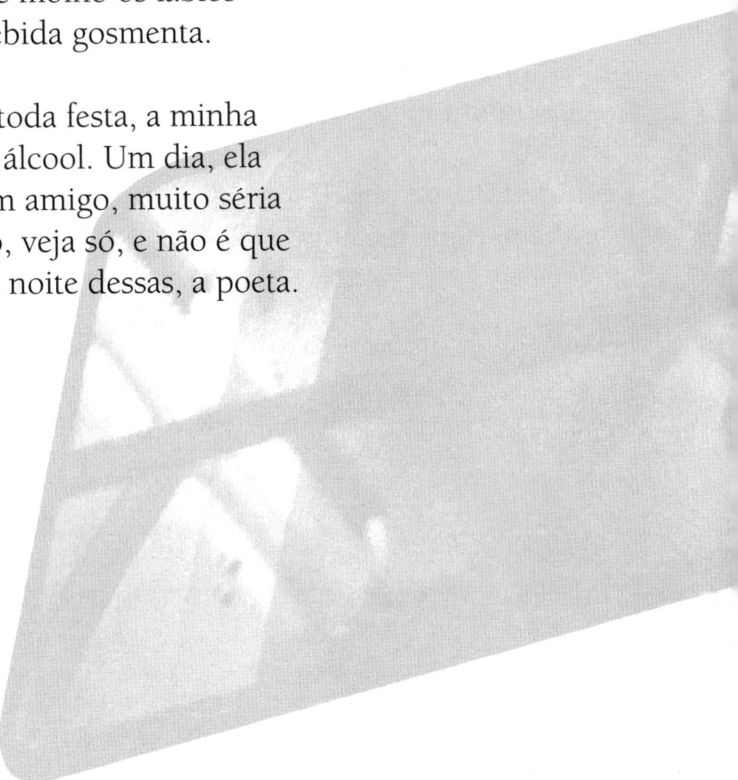

Amigo secreto

Que seja um livro,
talvez daguerreótipos.
Que seja, vindo
da livraria moderna,
vindo do sebo, antigo,
vindo do coração

de quem mergulha
fundo, a tarde inteira,
nos fundos da loja,
queira Deus, queira
que seja um livro

este pacote, de papel
brilhante, que me entrega.

Musa

Porque é morena e doce
como a pequena flor de Clarice
e me olha como se admirasse
um diamante. Porque usa
sandálias esquisitas como Camilla
e leu todos os romances de Fante.
Porque é alucinada e belamente triste
como Mardou Fox e quando faz amor
geme longamente. Porque vive
nesta página em branco e em mim sempre.

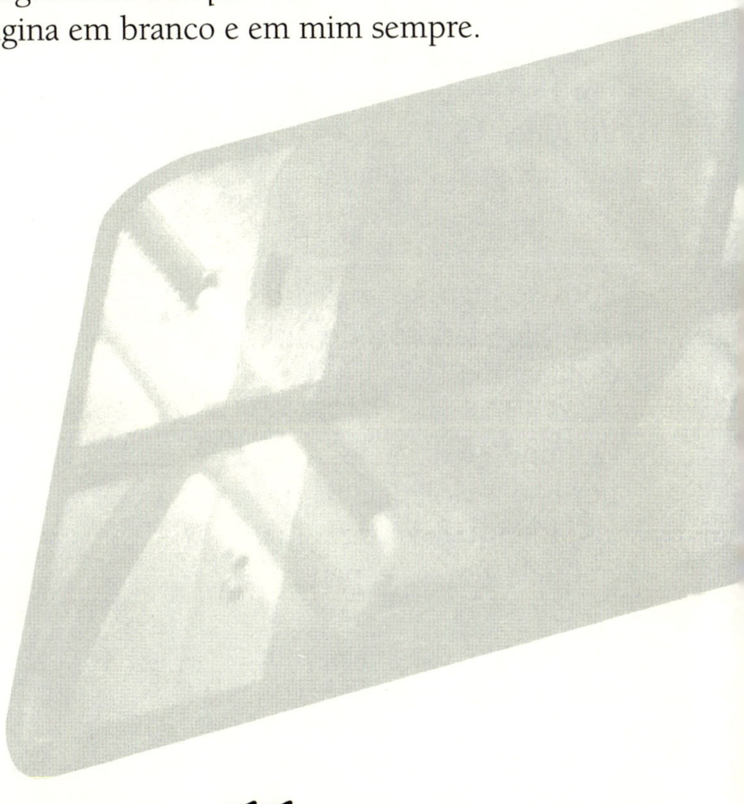

O mundo é dos feios

O mundo é dos feios, moça,
por isso morde com força
o bico da bic antiga,
pouco importa de onde veio ou que salivas...

Por isso anda, gigante,
de qualquer modo, ginga,
pouco importa se olham,
se xingam...

O mundo é dos feios, moça,
por isso cospe no rosto
do Judas Iscariotes,
que amigos se acham
aos montes.

Por isso foge, se sexta arde,
nos calendários, todo dia
é diamante...

O mundo é dos feios, moça,
por isso a violência na frase,
fase inteira, face, meia luz,
e aquela certeza esperta.

O mundo é dos feios, moça.
Beleza é outro universo.

Retrato

Já estamos todos mortos
quando vivos nessas poses
que emprestam aos retratos
certo ar de documento

do quanto fomos, gente,
para algum arremedo
de posteridade. Ah, estamos
mesmo todos mortos

quando abrimos os olhos
e arreganhamos os dentes
diante de algum fotógrafo.

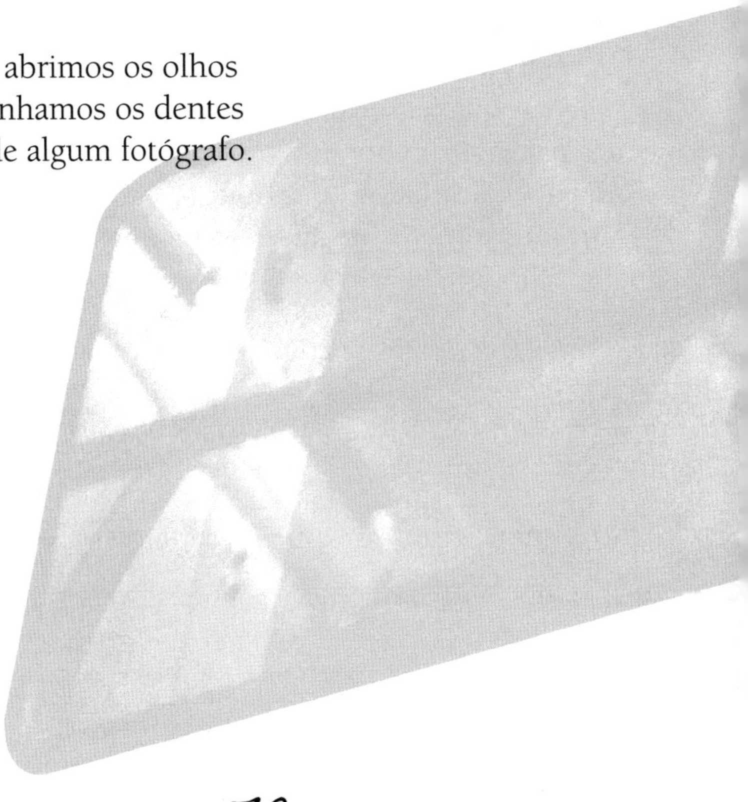

Fim de caso

Marcamos um encontro:
quinze para as sete na
esquina dum verso.
Confirmou ao telefone,
na quarta, dia de Iansã,
de vermelho, como se deve,
sem falta, no ponto
onde acontece do verbo
amolecer. Iria, me disse,
de todo modo, mesmo
se a filha adoecesse,
sabendo que não me acharia
nas palavras, no horário,
no papel, acertados que somos,
ah, sim, eternamente ausentes.

Anomalia nos pés

Falar algo bem íntimo,
mostrar os dedos, tudo
para que não diga sim.

Nada importa agora,
amar, suave anomalia.
Ouvir fantasmas, ver os seios,
TV ligada no volume máximo.

Ah, quão perfeitos esses
personagens eram...
Calar. Algo bem íntimo,
qualquer palavra sã
que diga se sinto mesmo,

se é preciso navegar,
se bastam barcos partindo,
se hoje me perco e peco
por esperar o erro,
se amanhã será lindo.

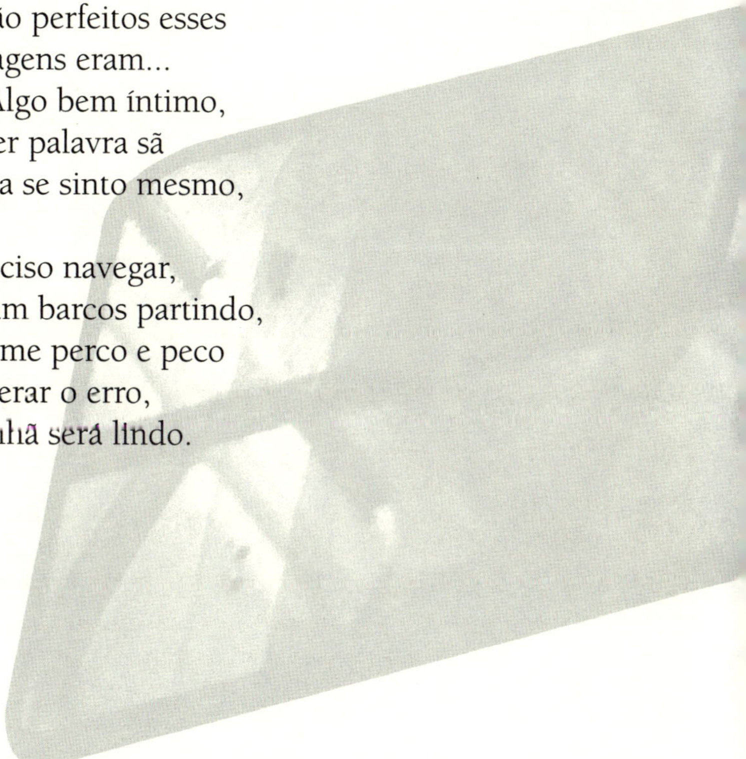

Noutra

Disto, enfim,
a boca perto
do ouvido.

Poderia soar
sim ou não,
dito, não dito.

Disto, isto sim,
do olvido.

Bandini

Este mundo não te pertence, Bandini.
O modo rude como afias a faca
nos teclados da velha máquina.

Sente, Arturo, a voz doce da garçonete,
a mexicana de alpercatas sujas.
¿Fumas unos chinos en Madrid?

Para viver, é sim, para viver assim,
com nada além de palavras.
No hacías otra cosa que escribir.

E sonhar, faca amolada,
ao som da velha máquina,
a cravar letras na folha. Olha,

são como estrelas cadentes.
Ouve como gemem, pálidas
de espanto no branco da página

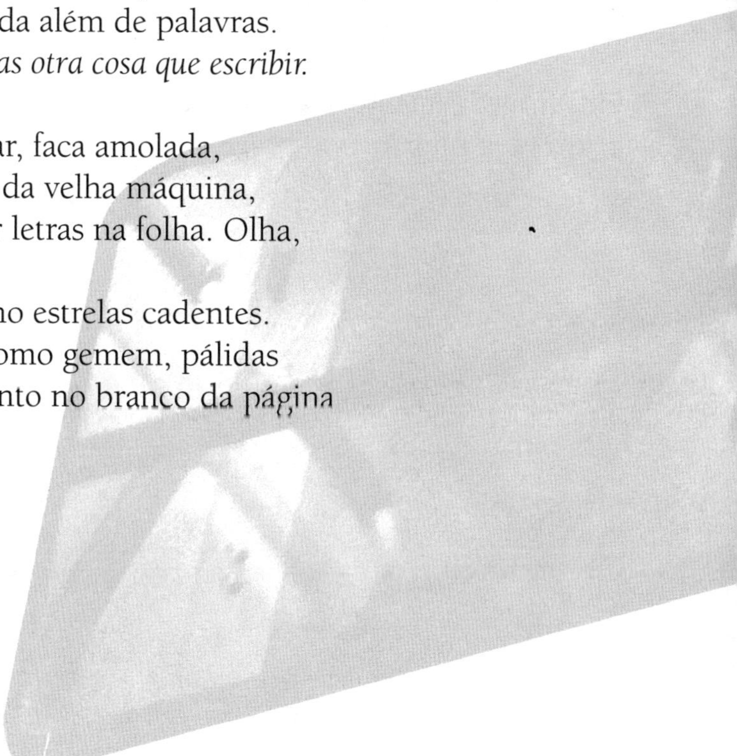

Nova aurora

Fiques sentida não. É noite ainda.
Há uma escuridão enorme
na porta. Bate. Ouves? Pede
para entrar em tua casa. Não
abras. Fica quieta enquanto arde,

e esta solidão selvagem fecha
a passagem para fora. Ah, tudo
é breu e brisa na paisagem.
Mas o medo evapora. Sentes?

Fica firme. Paciente. Da tua pele,
a aurora já prepara voo breve.

Jeans

Uma roupa velha
para o dia novo
que se inaugura.
Trancar no corpo,
invólucro sobre
invólucro, uma
roupa velha,
lição de autocura,
que este dia novo
em nada apura, seja
como o outro
que, estampado,
busca uma manhã
perfeita, na qual
Janis nunca perderá
o viço nesta camiseta.

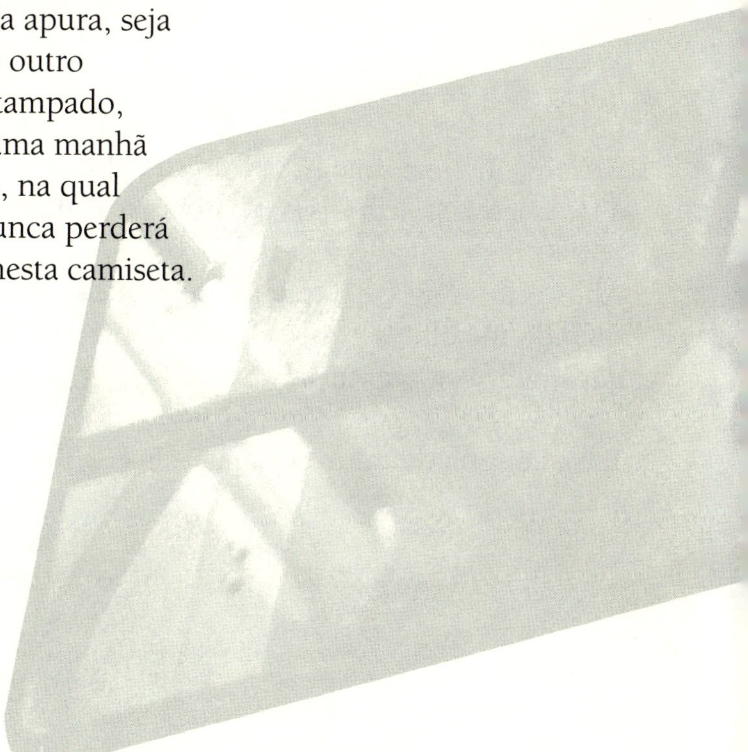

Inteira

A felicidade sempre ia ser clandestina para mim.
Parece que eu já pressentia.
Clarice Lispector

As meninas dos olhos dessa moça
quase me beijam, mordem minha boca.
Estão determinadas a esmagar meu destino
e toda palavra, triturando o que ela ousa entre
[dentadas.

E no sorriso dessa moça,
que escorrega para mim, como se nada,
há um convite e uma bala – única e doida –
a ricochetear, roleta russa, no tambor da minha alma.

Ah, se ela soubesse o quanto me mata,
quando me olha assim, pela porta entreaberta,
a insinuar sua presença.

E o que seria de mim, se ela entrasse, enfim, inteira?

Insônia

Era tarde
para qualquer gesto que, exato,
me salvasse da noite.

Tarde demais para apanhar o último coletivo
e descer no ponto longínquo
no qual a infância aguarda.

Era tarde
para apressar o passo e
desviar do desconhecido
que, armado, vem no sentido contrário.

Tarde demais para correr em disparada,
coração aos pulos, e encontrar a porta aberta,
destrancada para mim e mais ninguém na sua casa.

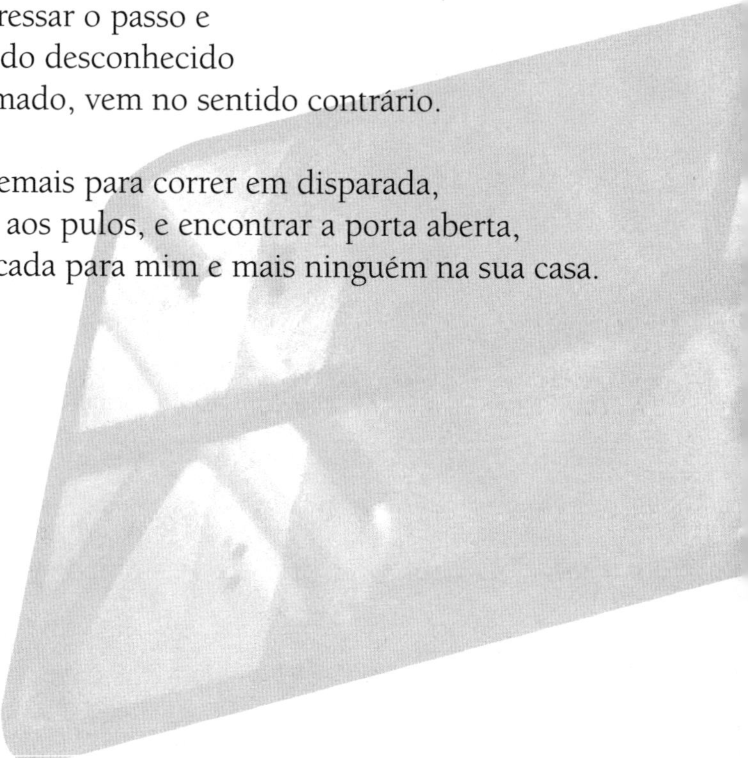

Sylvia

Nunca compreendi o mundo,
morrerei inconformada. O ar,
esse que respiro pouco e mal,
arde ao bater em meus pulmões,
e as dores e as cores, todas,
fazem meus olhos buscarem só escuridão.

Kerouac

Eu não preciso de muito dinheiro, graças a Deus.
Waly Salomão

Empilharei meus sonhos neste caminhão antigo,
como quem encontrou uma casa boa para morar,
e partirei, num sábado ou num domingo,
em direção a uma dessas rodovias que cruzam
[grandes cidades.

Irei sem pressa e sem arrebite,
atravessando noites e dias sem parar,
guiada pelas luzes dos faróis e por placas enormes,
e por sinais de trânsito pintados de vermelho,
e outdoors imensos, anunciando postos e
[churrascarias,
e pelo mau cheiro das vacas
cagando marrom nas pradarias.

Irei sem pouso, qualquer lugar que me aceite,
mesas em que coma, camas em que deite,
pessoas para amar ou odiar. Irei sem medo
e sem coragem, sem burrice ou genialidade,
com inteligência apenas para concluir ultrapassagens.

Empilharei meus sonhos neste caminhão antigo,
como quem encontrou uma casa boa para morar,
e morrerei ao volante num cruzamento improvável,
dentro de um rio que transborde e invada as margens.

Dívida

Amadurecendo estão os frutos no silêncio.
Carlos Anísio Melhor

Tenho uma dívida
com Carlos Anísio: a poesia.
Sim, tenho esta dívida
com o autor de *Canto agônico*,
no fim da adolescência
contraída. Tenho esta dívida
firmada em papel,
numa tarde melancólica
e absurdamente calma
nos corredores do setor de cordel.

Fragilidade

Para dar uma esperança mais triste ao fim do meu dia.
Manuel Bandeira

Sempre que pousava uma esperança perto,
– e éramos crianças – ela parecia um dinossauro.
Pai e mãe advertiam se queríamos machucá-la
na crueldade da infância:
"É só um inseto que traz bons presságios".
A gente ficava olhando aquele bicho
bom de esmagar entre as mãos.

Só adultos, entendemos
a fragilidade da esperança.

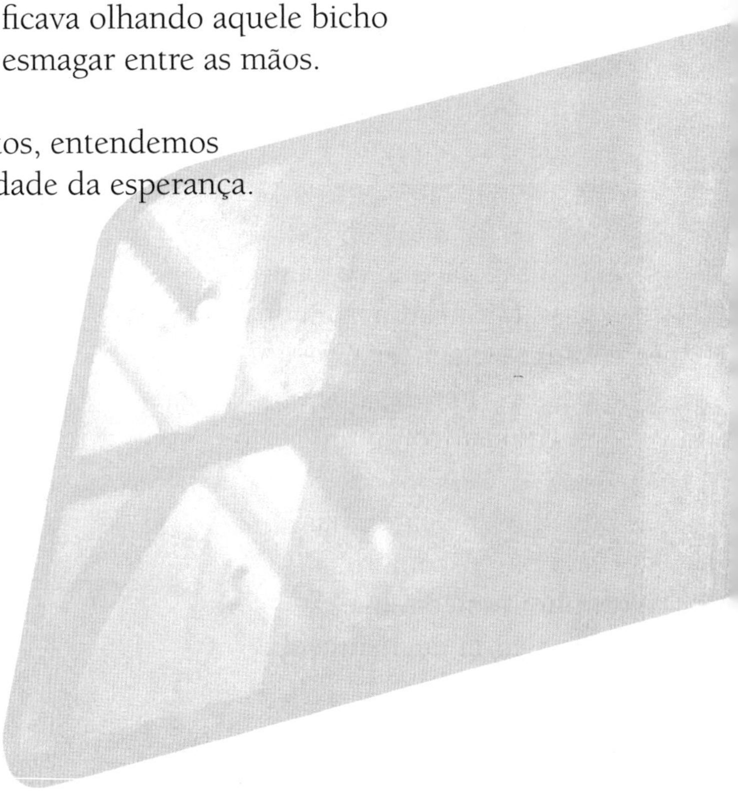

Santiago

Coração é terra que ninguém vê.
Cora Coralina

Envelhecer é caminhar.
Cada passo, uma ruga,
um fio branco a mais,
uma dor nova que surge.

Urge descansar brevemente
e seguir adiante, estrada
à frente, desbravando
o nada que se ergue
em planícies insolentes.

Há paisagens que custam
a passar, salteadores escondidos,
e amigos que acenam e apressam
o passo, e amores que esquecemos
nos abrigos, como um seixo no bolso.

Envelhecer é caminhar.
Cada passo, uma ruga,
um fio branco a mais,
uma alegria imensurável.

A casa antiga

Uma casa constrói-se ao lado dum caminho.
Vieira Calado

Vivia em conserto, a casa antiga.
Mudavam as telhas, compravam madeira,
ajeitavam a cumeeira, renovavam as ripas.

A casa antiga, apenas 25 metros quadrados,
tudo que restara do passado e da família,
na vila, na vida. E não havia outro modo
de ter um teto. Feito enxurrada,
mais e mais trocados iam na reforma.

E as janelas caindo, o beiral carcomido,
o caibro, a terça, o pendural. E pedreiros
visitando lojas, carros cheios de tijolos,
meio tortos, e a casa antiga. De nada adiantava

pintar as paredes e portas, pôr cores mais sóbrias,
caprichar nas tintas. A cada chuva, o mofo
parecia brotar do invisível, esparramando, negro,

venenoso visgo, a engolir todo o esforço,
o projeto de mudança, o viço.

Antes da tempestade

Que sabem as flores, as árvores, os rebanhos,
de Santa Bárbara?
Alberto Caeiro

Antes da tempestade, fiz um chá, molhei as plantas
e fui para a varanda olhar a luz do dia refletida
nos tetos dos carros. Vi mães apressando o passo
com seus filhos, e avós arrastando pelas mãos os
[netos.

Então a chuva veio forte e lenta, como se
[caminhasse,
a água repartindo em dois o dia – anoiteceu dentro
[da tarde.
Bebi meu chá, com o aroma adocicado do mate
pairando sobre os móveis, e a TV silenciada por
[trovões.

Na parede amarela da sala, só,
Santa Bárbara dividia comigo as aflições.

Só a ignorância me acompanha

Não imagine que a poesia seja mais simples
que a música.
Ezra Pound

Nada sei de rimas ou de poesia,
só a ignorância me acompanha.
E uma brisa fina de infinita sabedoria
é que mantém suspensa no papel a frágil tinta.

Em águas turvas, tenho visto tantas vezes
afogar-se meu lirismo e aquela flor
triste, raríssima, cultivada no vaso
em que jaz o que não sei de rimas.

Ah, o meu lirismo e toda a poesia
retornarão um dia singelamente ao nada,
limbo sagrado onde repousa tudo que respira.

Impresso em São Paulo, SP, em março de 2010,
com miolo em pólen soft 80 g/m^2,
nas oficinas da Graphium.
Composto em Berkeley, corpo 13 pt.

Não encontrando esta obra nas livrarias,
solicite-a diretamente à editora.

Escrituras Editora e Distribuidora de Livros Ltda.
Rua Maestro Callia, 123
Vila Mariana – São Paulo, SP – 04012-100
Tel.: (11) 5904-4499 / Fax: (11) 5904-4495
escrituras@escrituras.com.br
vendas@escrituras.com.br
imprensa@escrituras.com.br
www.escrituras.com.br